Richard Deiss

50 Orte, 50 Worte

Neues aus der (W)Ortspielhölle - Alpenländer

E-Mail-Adresse des Autors:
E-Mail: richard.deiss@gmail.com

Anregungen und Verbesserungsvorschläge sind willkommen und werden in der nächsten Ausgabe berücksichtigt.

Fotos im Buch: Autor, bzw. siehe Quellenangaben.

Herstellung und Verlag: BoD - Books on Demand, Norderstedt
Zweite Auflage 2022, Originalausgabe

© Richard Deiss, Berlin 2022

Printed in Germany

ISBN   978-3-7543-744-36

Bibliografische Information der Deutschen Nationalbibliothek
Die Deutsche Nationalbibliothek verzeichnet diese Publikation in der Deutschen Nationalbibliografie; detaillierte bibliografische Daten sind im Internet über http://dnb.d-nb.de abrufbar

Vorwort

Im Dezember hatte ich ein Büchlein zu Wortspielen mit Städtenamen publiziert, *100 Orte, 100 Worte*. Im Laufe der Zeit kamen neue Städte dazu, so dass ich beschloss, das Buch in mehrere Bände aufzuspalten. Der vorliegende Band deckt die Alpenländer ab. Da die Zahl der Orte deutlich geringer ist als im ersten Band (50 statt 100), habe ich dies durch Informationen zu den entsprechenden Regionen ergänzt.

In dieser Buchreihe kommen verschiedene meiner Leidenschaften zusammen. Erstens reise ich viel, meist mit der Bahn, und besuche dabei zahlreiche Städte, vor allem in Mitteleuropa. Eigentlich bin ich sogar Städtesammler. Meist mache ich dabei Fotos, welche ich im Internet poste.

Dann spiele ich gerne mit Worten. Manchmal bietet sich der Name einer Stadt für ein Wortspiel an und beim Posten sieht man, ob es gefällt und verstanden wird.

Dann schreibe ich aber auch gerne Gedichte. Auf Anregung einer Leserin des ersten Bandes habe ich deshalb an manchen Stellen den wortspielerischen Untertitel zum Städtenamen zu einem kleinen Gedicht ausgebaut. Manchmal gibt es auch bestehende Redensarten, die sich reimen und kleine Gedichte darstellen. So finden sich nun unter einigen Ortsnamen kleine Gedichte.

Ich hoffe, das kleine Büchlein mit den 50 Orten in Österreich, der Schweiz, Liechtenstein und Südtirol ist für den Leser interessant und unterhaltsam. Neuauflagen sind geplant, um weitere Orte aufzunehmen, auch wenn dadurch die Zahl von 50 überschritten wird. Anregungen von Lesern zu Orten und Worten werden dabei dankend aufgenommen.

Berlin, im März 2022
Richard Deiss

1. Österreich

Ist Österreich das Land der kuriosen Ortsnamen? Vor allem kleinere Orte sind oft originell einsilbig (z.B. Ybbs, Fuschl, Scheibbs), oder zeigen interessante Zusätze, um sie von ähnlich klingenden Orten zu unterscheiden.

International bekanntes Beispiel eines kuriosen österreichischen Ortsnamens ist das oberösterreichische Dorf Fucking, welches, unter anderem, weil das Ortsschild so oft gestohlen wurde, 2021 in Fugging (so sprach man es auch aus) umbenannt wurde. Zu anderen Orten gibt es eher regional oder österreichweit bekannte Wortspiele. Im Wortevulkan Wien, mit Berlin eine der deutschsprachigen Wortspielhauptstädte, spielen viele Wortkünstler auch mit dem Namen von österreichischen Orten.

Oft sind auch die fast lakonischen Zusätze interessant. St. Veits gibt es viele in Österreich, aber eines (in der Steiermark) liegt einfach so in der Gegend. Darauf muss man erstmal kommen. Im Innkreis gibt es wiederum einen Ort, der Ort im Innkreis heißt.

St. Veit in der Gegend

Fast kommt es einem vor, als ob der Bundesbahn Blues des Kabarettisten Gerhard Bronner (1922-2007), kongenial gesungen von Helmut Qualtinger (1928-1986), besonders viele dieser originellen Ortsnamen aufnimmt.

Bundesbahn Blues' (1956), Auszug:

„ Oh, I was travelling through this country,
travelling with the Bundesbahn - ah geh wusch, ah geh wui!
I said, I was travelling through this country,
with the doggone Bundesbahn - ah geh wusch, ah geh wui!
Taking along my baby, suddenly she was gone - total
verschwunden!...

... Is she in Scheibbs, in Lunz, in Ybbs, in Schruns,
in Wulkaprodersdorf, in Attnang-Puchheim?
Is she in Mistelbach, in Stinkenbrunn,

Is she in Hadersdorf-Weidlingau
In Kaisermühln und Gänserndorf, Amstetten
Is she in Breitenfurt, in Klagenfurt
In Gurgl or in Fuschl or in Graz

Is she in Oberlaa. Is she in Unterlaa
Is she in Erlaa. Or is she in Laa an der Thaya
Donn schrei i Feia!
Is she in Bruck an der Mur
Oder Ybbs an der Donau
Or is she in Bruck an der Leitha And so weiter

Since then I'm travelling through this country,

using still the Bundesbahn from Bludenz to Marchegg -
looking for my baby from Braunau to St. Veit an der Glan -
but my baby is weg. "

Wien

Mein Herz und mein Sinn´
Schwärmt nur für Wien.
Wien, nur du allein
sollst stets die Stadt meiner Träume sein.
Dort wo ich glücklich und selig bin
ist Wien, ist Wien, mein Wien.

(Rudolf Sieczynski, 1879-1952)

Würste, die in Frankfurt und im übrigen Deutschland Wiener heißen, heißen in Wien Frankfurter. Ansonsten gilt: der Tod (der Banane, bzw. Beinerne), der muss ein Wiener sein, eine schöne Leich ist in Wien sehr wichtig und auf dem Zentralfriedhof wird das Erbe der wichtigsten Komponisten gepflegt, die Wien lange zur *Welthauptstadt der klassischen Musik* gemacht haben. Welthauptstadt der Lebensqualität ist Wien eh (*in Wean samma gern*), wie eine Mercer-Studie jedes Jahr zeigt.

Wien Stadtteile

Mercedes Penzing
Get rich or try Meidling
Beverly Hietzing
Babo City
Döblingbling

(The Gap 152, Sep 2015, I Naise Gangsterkarte Wien)

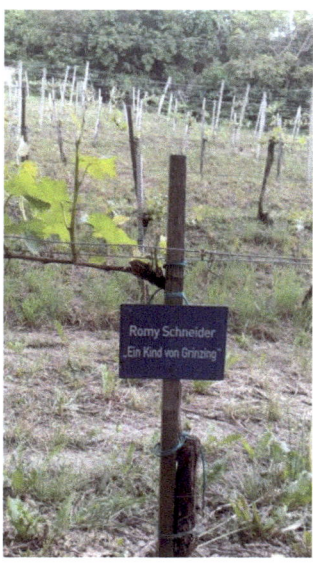

(Bild: Bernhard Rohm)

Döbling ist der wohlhabendste Stadtteil Wiens. Man spricht auch von *Döblingbling*. Auch Penzing ist nicht arm, deshalb auch Mercedes Penzing genannt. Meidling ist eher Durchschnitt, hier sagt man wortspielerisch statt *get rich or die trying*, *get rich or try Meidling*.

Niederösterreich

In Niederösterreich gibt es ein Waldviertel im Nordwesten, ein Weinviertel im Nordosten, ein Mostviertel im Südwesten und schließlich ein Industrieviertel im Südosten. Deshalb wird Niederösterreich auch als *4-Viertelland* bezeichnet, denn die vier Viertel füllen die ganze Landesfläche aus. Ansonsten gibt das Weinviertel auch dem Bundesland den Namen *Weinland*, um es vom Mostland Oberösterreich abzugrenzen.

Früher wurde Niederösterreich auch *Österreich unter der Enns* genannt. Die Enns ist Grenzfluss zu Oberösterreich. Weil Landeshauptmann Erwin Pröll 25 Jahre im Amt war, von 1992 bis 2017, gab es bis 2017 den Spitznamen Pröllistan.

St. Pölten

Kleine Hauptstadt an der Traisen
Wohin nur wenige reisen.
Unterschätzt, doch fast schon schön,
Es lohnt sich echt, das mal zu sehn.

Bis 1986 war das zentral gelegene Wien Sitz der niederösterreichischen Landesregierung. Mit dem Slogan *Ein Land ohne Hauptstadt ist wie ein Gulasch ohne Saft* wurde 1984 eine Volksabstimmung initiiert, die im März 1986 durchgeführt wurde. Es gab 5 Kandidatenstädte. Wiener Neustadt, zweitgrößte Stadt in Niederösterreich bekam dabei nur 4% der Stimmen, Tulln 5%, die Kurstadt Baden 8%. Krems erwies sich mit 29% der Stimmen als zweitpopulärster Standort. St Pölten setzte sich jedoch mit 45% der Stimmen klar durch.

Der ÖVP-Politiker Erwin Pröll (*1946) war von 1992-2017 Landeshauptmann von Niederösterreich. Das war für viele eine gefühlte Ewigkeit und auch aufgrund seiner starken Position im Bundesland entstanden entsprechende Spottbegriffe wie *Pröllistan* für Niederösterreich oder *St. Pröllten, Prölltown* oder *Prölljang* für die Landeshauptstadt. Andere abwertende Bezeichnungen sind Stink Pölten (aufgrund des innenstadtnahen Glanzstoff Austria Werkes, welches bis 2008 im Betrieb war) oder St. Proleten.

Baden bei Wien

Wie in Musik baden,
in Baden bei Wien,
Schwimmen bei de Wappla
Waschlappen sind des koa.

Weil es mehrere Städte mit dem Namen Baden gibt, muss man Baden bei Wien sagen. Die Stadt wird wegen der schwefelhaltigen Heilquellen auch *Schwefelstadt* genannt. Nach dem vorherrschenden Baustil sagt man auch *Biedermeierstadt*. Ein weiterer Beiname ist *Musikstadt*. Hier gibt es ein Opernhaus und hier hielten sich Komponisten wie Mozart und Beethoven auf. Für Beethoven gibt es sogar einen Tempel und in der Stadt soll er die 9. Symphonie, die Europahymne, vollendet haben.
Baden bei Wien wird humoristisch auch als Satz gelesen und in *Schwimmen bei de Wappla* (bei den Wienern) abgewandelt.

Krems

Kremser Krimskrams

Als die österreichische Regierung in Krems im März 2015 eine Klausur zur Steuerreform abhielt, titelte `Die Presse´ *Kremser Krimskrams*.

Älter ist das Wortspiel KREMS UND STEIN sind 3 Städte. Die unmittelbar an Krems angrenzende Stadt Stein an der Donau wurde in den 1930er Jahren zu Krems eingemeindet. Dazwischen lag noch der Ort Und. Deshalb gibt es auch das Wortspiel: *Was liegt zwischen Krems und Stein*? Der Ort Und eben.
In Krems gibt es übrigens ein Steirisch Irish Pub.

Lunz am See

In Lunz da kunnst´s.

(Bild Wikipedia, Fotograf: Bwag)

Seit 1973 benutzt Linz den Slogan in *Linz beginnt´s*, der angeblich vom Wiener Kabarettisten Helmut Qualtinger (1928-1986) stammt. Längst wurde dieser von anderen mehr oder minder offiziellen Linz-Slogans abgelöst (1989: *Linz. Eine Stadt lebt auf*, 2008: *Linz verändert*). Doch der Spruch ist so einprägsam, dass er weiter genutzt wird. Andere österreichische Orte beziehen sich in abgewandelter Form auf ihn. Ein Beispiel dafür ist Lunz am See in Niederösterreich, wo manche sagen *In Lunz, da kunnst´s* (in Lunz, da kannst du es). Andere Varianten sind

> *Graz hat´s*
> *In Graz waht´s* (in Graz weht es)
> *In Wean samma gean* (in Wien sind wir gerne)
> *In Schruns-Tschagguns* (Skiort in Vorarlberg).

In Lienz in Osttirol sagen sie auch: *In Linz beginnt´s, aber in Lienz wird es vollendet.*

12

Melk an der Donau

`Melk´ an der Donau!
Ich melk´ an der Donau,
du melkst an der Donau,
er melkt an der Donau…´

(Hans Weigel, Schriftsteller 1908-1991)

Andere Imperative, welche der österreischische Schriftsteller und Theaterkritiker Hans Weigel in Ortsnamen identifiziert hat, sind
- Grein an der Donau (weinen)
- Gurgl im Ötztal und
- Schwa(t)z in Tirol.

Muckendorf-Wipfing

Muckendorf ein Mückendorf?
In den Donauauen kannste schauen,
und sieh nur zu,
denn über allen Wipfings ist Ruh.

Anfang Juni 2015 saß ich im Zug von Tulln nach Wien, als es beim Relegationsspiel HSV-Karlsruhe in der 88. Minute beim Stand von 1:0 für Karlsruhe so aussah, als ob der HSV nach 51 Jahren Bundesligazugehörigkeit abgestiegen wäre. Das nahm mich als HSV-Fan so mit, dass ich spontan in der nächsten Station ausstieg, um frische Luft zu schnappen. Und das war Muckendorf-Wipfing. Als ich wieder online ging musste ich überraschend feststellen, dass das Spiel noch andauerte, denn der HSV hatte in der 91. Minute ausgeglichen und jetzt lief die Verlängerung. In der 115. Minute schoss der HSV dann das Siegtor. Danach hieß es von HSV-Fans `*Wir können alles, außer Absteigen'*.

Burgenland

Burgenland - das Land der Dörfer

Das Burgenland gehörte unter der österreichisch-ungarischen Doppelmonarchie als Deutsch-Westungarn zu Transleithanien, zur östlich der Leitha gelegenen ungarischen Reichshälfte. Nach dem Ersten Weltkrieg sprach sich die mehrheitlich deutschsprachige Bevölkerung jedoch für eine Angliederung an Österreich aus, und der Vertrag von Trianon von 1920 bestätigte diese Zuordnung. Doch da in Ödenburg (ungarisch Sopron), der Hauptstadt der Region, die Ungarn die Bevölkerungsmehrheit stellten, setzte Ungarn für diese Stadt eine Volksabstimmung durch. Diese ging zugunsten eines Anschlusses der Stadt und ihres Umlandes an Ungarn aus. Ödenburg/Sopron erhielt deshalb in Ungarn den Ehrentitel *urbs fidelisssima* (treueste Stadt). Das neue österreichische Bundesland nannte man Burgenland, weil es sich aus Teilen von vier ungarischen Komitaten (Pressburg, Wieselburg, Ödenburg und Eisenburg) zusammensetzte. Ein Vorschlag, der sich nicht durchsetzte, war, es nach seinem Hianzn-Dialekt *Heinzenland* zu nennen. Mit dem Verlust Ödenburgs fehlte dem Land jedoch eine gewachsene Hauptstadt. Erst war Bad Sauerbrunn provisorischer Sitz der Landesregierung, bis 1925 die Kleinstadt Eisenstadt zur Landeshauptstadt wurde. Zu Zeiten des Kalten Krieges behinderte die Lage am Eisernen Vorhang die Entwicklung und noch heute gibt es keine größere Stadt im Bundesland. Das Burgenland ist, so sein Beiname, ein *Land der Dörfer* geblieben.
☞ Was den Deutschen die Ostfriesen sind den Österreichern die Burgenländer mit entsprechenden Witzen.

Eisenstadt

Eisenstadt im Burgenland,
Hauptstadt, die ich anders fand.
Kleine Stadt mit großem Schloss
Atmosphäre, die ich sehr genoß.

Zur Hauptstadt der neu geschaffenen Region Burgenland wurde nach dem Ersten Weltkrieg die Kleinstadt Eisenstadt (14 000 Einwohner). Diese lag lange kurz vor dem Eisernen Vorhang, was die Entwicklung bremste. Heute hat sie unter anderem den Slangbeinamen Iron City, wird aber auch Haydnstadt genannt. Joseph Haydn (1732-1809) war Kappellmeister auf dem Schloss Esterhazy in Eisenstadt. Spaßeshalber wird der Name Esterhazy auch mit dem Osterhasen in Verbindung gebracht. Als die EU-Erweiterung um Österreich, Schweden und Finnland im Jahre 1995 anstand, meinte ein Kollege aus dem Burgenland, dort sei das EU-Kürzel vertraut, denn das wäre das KFZ-Kennzeichen für Eisenstadt Umland.

Schützen am Gebirge

Schützen am Gebirgesrand
Im flachen Burgenland
Kommt man hier am Gebirge an
Ob man sich da schützen kann?

Das Burgenland gehörte bis zum Ende des Ersten Weltkriegs zum Ungarischen Teil der Doppelmonarchie. Auf Ungarisch, damals Amtssprache, hieß der Ort Serç. 1921 erhielt die Gemeinde ihren früheren Namen Gschieß zurück. Dieser war jedoch im deutschsprachigen Österreich Anlass für Spott. 1924 wurde der Ort in Schützen am Gebirge umbenannt. Umgangssprachlich wird er weiterhin Gschias genannt.

Wulkaprodersdorf

Is she in Wulkasprodersdorf?

Wulkaprodersdorf kommt im Bundesbahnblues von Gerhard Bronner vor. Der Name der Marktgemeinde ist lange und durch die ersten beiden Silben fast ungewöhnlich. Wulka ist der Fluss, welcher durch die Marktgemeinde fließt. Stefan Lupetzky (*1962 Wien) dichtete das nicht jugendfreie Ortsnamenlied Maid aus Wulkaprodersdorf. Das beginnt mit: *Sag mir holde Maid aus Wulkaprodersdorf, wann ich endlich deine Wulka prodern dorf.*

Oberösterreich

In gewissem Sinne fangen alle ungarischen Märchen mit Oberösterreich an. Denn diese beginnen mit

„Messi, messi földön, meg az operencian is tul... ",

und damit also mit `in einem fernen, fernen Land jenseits von Ob der Enns´. Land ob der Enns* war der alte Name Oberösterreichs. Oberösterreich war also lange so eine Art westliches Ende der den Ungarn bekannten Welt. In ungarischen Märchen kommt zudem oft das *obderennsische Meer* vor, womit die Seen des Salzkammergutes gemeint sein sollen.

1.2 Millionen Mostobstbäume machen Oberösterreich zum Mostland Nummer eins in Österreich, aus dem etwa die Hälfte der gesamten Mostobsternte des Landes kommt. Most gilt als *flüssiges Gold Oberösterreichs*. Oberösterreich wird deshalb auch *Mostland* genannt, die Oberösterreicher haben den Spitznamen *Mostschädel*.

Heute versucht Oberösterreich das kulinarische Spektrum zu erweitern und sich als *Genussland* zu vermarkten. In Oberösterreich gibt es sogar ein Innviertel, welches aber kein Invlertel ist, denn aus Braunau kam ja...

Die anderen Viertel heißen Hausruckviertel, Traunviertel und Mühlviertel.

Einmal kam ich am Bahnhof von Linz an und las dort den Slogan *Land der Mooglichkeiten* (OÖ steht für Oberösterreich, dessen Hauptstadt Linz ist.

Zur Wortspielhölle hat Oberösterreich lange vor allem durch das Dorf Fucking beigetragen, aber es gibt auch Wortspiele um viele andere oberösterreichische Orte, wie die folgenden Beispiele zeigen.

Linz

In Linz beginnt´s
Da stinkt´s nicht mehr
Alle lieben Linz heut´ sehr.
Wachgeküsst vom Musenprinz
Besuch kommt jetzt aus der Provinz

In Linz beginnt´s, sagt man (seit dieser Werbeslogan 1973 kreiert wurde). Aber was beginnt hier eigentlich? Die Provinz oder in der Kulturstadt Linz das Ende davon? Im übrigen Österreich hat Linz oft den Ruf, eine eher unattraktive Industriestadt zu sein (Stahlindustrie, VOEST). Ein Wiener Kollege kommentierte `In Linz, da stinkt´s´. Der Komponist Anton Bruckner (1824-1896) war 1855-1868 Domorganist in Linz. Obwohl er viel länger in Wien lebte, reklamiert Linz den Titel *Brucknerstadt*.
Das bereits von den Römern erwähnte Linz ist keine Retortenstadt, sondern eine Tortenstadt. Die 1653 erstmals erwähnte Linzer Torte ist die älteste nach einer Stadt benannte Mehlspeise der Welt.

Attnang-Puchheim

Nang-Pu

Das hässliche Entlein
Noch kein schöner Schwan
Doch gut erreichbar
Ist's mit der Bahn.

Attnang-Puchheim ist ein Verkehrsknotenpunkt, auch im Schienenverkehr. Deshalb wurde die Stadt im Zweiten Weltkrieg von der US-Armee stark bombardiert. In keinem anderen Ort Österreichs gab es prozentual so viele Bombentote. Aufgrund der zentralen Lage ging es nach dem Krieg schnell wieder bergauf, einfache Wiederauf-bauarchitektur prägt deswegen die Stadt. Attnang-Puchheim gilt vielen deshalb als hässlichste Stadt Österreichs. War der Wiederaufbau hier im Hausruckviertel eine Hau(s)ruck-Aktion?
Der lange Doppelname wird scherzhaft auch zu Nang-Pu abgekürzt, was chinesisch klingt.

21

Enns

I kenn a kloans Stadtl,
Das Stadtl hoaßt Enns,
Liegt schen obn auf der Heh,
Is schen lüfti und frisch,
Und va dort bin i he.

(Carl Adam Kaltenbrunner, 1804-1867)

Enns war die erste österreichsiche Slow city. Hier bewegt sich alles im Schneck-enns-tempo. Enns liegt unweit der Donau am (ennszückenden) gleichnamigen Fluss und der war für die Ungarn lange die Grenze der bekannten Welt. Operencia, Ob der Enns, stand in ungarischen Märchen lange für eine ferne Gegend.

Fucking/Fugging

Fucking hell (Biersorte)

Im Juni 2015 fuhr ich extra in die oberösterreichische Ortschaft Fucking, welche zur Gemeinde Tarsdorf gehört, um das Ortsschild zu fotografieren. Dieses wurde angeblich so oft gestohlen, dass der Ort eine Umbenennung beschloss. Diese wurde schliesslich Anfang 2021 umgesetzt und so heißt der Ort nun Fugging, so wie man ihn eigentlich schon immer in der örtlichen Intonation aussprach. Mit dem Frieden war es aber zu Ende, als nach dem Zweiten Weltkrieg amerikanische Soldaten den Ort erreichten und erstmal über den Namen lachen mussten.
Zeitweise wurde im Ort das Bier *Fucking hell* produziert.

Ried im Innkreis

Riad oda Riad?

(Bild Bernhard Rohm)

Im lokalen oberösterreichischen (baierischen) Dialekt wird die Bezirkshauptstadt Riad (im Innkroas) ausgesprochen. Das hört sich an wie die Hauptstadt von Saudi-Arabien (Riad/Riyadh).
Von Luke Vibert gib es ein Musikvideo `I feel the Riddim´. Lokalpatrioten haben daraus *I feel the Ried im* Innkreis gemacht. In der österreichischen Fußball-Bundesliga sind die oberösterreichischen Vereine LASK (Linz) und SV Ried Rivalen, aber örtliche Beobachter meinen, es ginge bei Turnieren meistens fRIEDlich zu. Nach Inzuchtsfällen in der Region, die von der Staatsanwaltschaft Ried untersucht wurden, spotteten manche über Ried im Inzucht, einen Begriff, den auch LASK-Anhänger benutzen.

St. Florian

Heiliger Sankt Florian
Verschon mein Haus
Zünd´ andre an.

(Bild: Wikipedia, Fotograf Bwag)

In der Stadt- und Regionalplanung ist vom St. Florian-Prinzip die Rede. Viele Bürger sehen die Notwendigkeit sperriger Infrastruktur ein, wollen diese nur nicht gerade in ihrer Nähe haben und lieber woanders. Meistens setzen sich dabei statushöhere Bürgergruppen gegenüber sozial Schwächeren durch. Im englischsprachigen Raum wird vom NIMBY-Prinzip (not in my backyard) gesprochen
St. Florian (6000 Einwohner) ist eine Marktgemeinde bei Linz mit einem bedeutenden Kloster. In Österreich kann man Ort und Prinzip dennoch nicht so leicht verwechseln, denn im Lande heißt es Floriani-Prinzip.

St. Johann am Walde

Saiga Hans gibt´s nur oans,
is a Dörferl a kloans,
mecht woanders net sei,
denn des Fleckerl g´hört mei.

(lokaler Spruch)

(Bild Wikipedia, Fotograf Bwag)

Das Dorf St. Johann am Walde, im westlichen Oberösterreich gelegen, wird von den Einheimischen Saiga Hans
genannt. Der Dialektname des Ortes hat nichts zu tun mit
der Saiga-Antilope, welche heute nur noch in Kasachstan
vorkommt. Eher lässt er sich mit seliger Jo(hannes) über-
setzen. Das oberösterreichische (baierische) Idiom zeigt
sich auch in Franz Stelzhamers (1802-1874) Hoamatland:

Dahoam is dahoam
Wannts net fort muaßt, so bleib;
Denn d´Hoamat is ehnter
Der zweit Muaderleib.

26

Suben

Die bösen Buben aus Suben

(Bild: Wikipedia, Fotograf Konrad Lackerbeck)

Suben liegt am Inn, also im Innviertel, aber der Ort hat kein Inviertel. Vielmehr sitzen viele in der Justizvollzugsanstalt Suben ein, vor allem böse Buben, wohl nachdem sie im Innkreis eingekreist wurden. Wahrscheinlich nicht gerade die gute Stuben von Suben. Unweit von Suben gibt es übrigens einen Ort im Innkreis, der heißt Ort im Innkreis.

Salzburg

Salzburg- Land des weißen Goldes
Die gleichnamige Landeshauptstadt des Bundeslandes
Salzburg, auch Mozart- und Festspielstadt genannt,
verdankte ihre Bedeutung und ihren Reichtum einst dem
Salz, dem `weißen Gold´, daher der Stadtname. Heute
profitiert Salzburg zusätzlich von einem anderen *weißen
Gold* - dem Schnee. Noch heute ist die Region Salzburg
wohlhabend. Während in den meisten EU-Ländern die
Hauptstadt die reichste Region ist, hat die Region Salzburg
ein höheres Bruttosozialprodukt pro Kopf als Wien. Ob in
der Jet Set Stadt auch Geld gewaschen wird? Nein,
scherzhaft werden die Salzburger Stierwascher genannt.

Bad Gastein

Hang zum Wohnen am Hang.
In Bad Gastein
geht der Gast aus und ein.
Und trotz Leerstand ist Gastein
bald wieder astrein.

Im einstigen *Monaco der Alpen*, auch *Wolkenkratzerdorf* genannt, stehen sehr prächtige Hotelpaläste mit Hang zum Hang. In Bad Gastein geht deshalb kein Gast ein.
Manche Bauten standen lange leer und so wurden aus Hotelpalästen, lost palaces, schließlich lost places. Mittlerweile ist aber eine Renovierungswelle im Gange und Gastein ist bald wieder astrein.

Tirol

Tirol, das Herz der Alpen

Tirol liegt so zentral im Alpenbogen, dass es sich zu Recht *Herz der Alpen* nennen kann. Kein Teil des Bundeslandes liegt außerhalb der Alpen. Das Bundesland Tirol besteht heute aus den Teilen Nordtirol und Osttirol. Das beide Regionen verbindende Südtirol wurde nach dem Ersten Weltkrieg von Italien annektiert.

Der Tiroler Dialekt ist deutlich anders als die weiter östlich gesprochenen Dialekte. Angeblich sagen die Tiroler oft kch. `*Wie nennt man in Tirol eine Banane? Banane- kch´* ist ein gängiger Witz.

Im ersten Jahr der Pandemie war in Österreich besonders Tirol mit seinen internationalen Skitouristen von Corona betroffen. Der Skiort Ischgl im Westen Tirols, auch Ibiza der Alpen genannt, wurde dabei zum europäischen Superspreader. In der zweiten Coronawelle war Tirol schon wieder überdurchschnittlich betroffen, man sprach von Virol, Kolatirolschaden, Inntubieren und dem Tiroler als Österreicher mit Mutationshintergrund.

Innsbruck

Innsbruck, schöne Stadt am Inne,
Innsbruck, große Liebe mein.
Geh ich stolz durch deine Straßen,
alle Sorgen werden klein.

(Maximilian Kurz, Studentenlied)

Innsbruck ist die Hauptstadt Tirols, für viele Einheimische aber wegen der Beschaulichkeit und Übersichtlichkeit auch eine Art großes Dorf.

Im von Corona zeitweise stark betroffenen Tirol, damals scherzhaft auch Virol genannt, ulkte man von Impfbruck, als sich die Situation verbesserte.

Verdreht man die Silben, erinnert der Stadtname ein bisschen an Brooklyn. Und tatsächlich wurde im Zweiten Weltkrieg von den Amerikanern in Italien im Funkverkehr Innsbruck zu Brooklyn verschlüsselt.

Imst

Instagram
In Imst kein Gram,
Vorne der Inn,
im Hintergrund der Alpenkamm
so wird aus Imst
bald Imstagram.

Besonders die Berge um den Tiroler Skiort Imst (10 000 Einwohner, 827 m) sind I(m)(n)stagramable.

Rum

Wenn man nach Rum gekommen ist,
ist man viel rumgekommen.
Ob man Ruhm bekommt
wenn man dort Rum bekommt?

Rum/Mur ist ein Palindrom, vielleicht auch ein Palindrum.
Der Ort der Muren, an der Mur.

St. Anton

Ich bin St. Anton aus Tirol
St. Beton nennt man mich auch wohl.

Der neue ÖBB-Bahnhof von St. Anton hat eine massive Betonanmutung. Nach der Eröffnung wurde bald von St. Beton gesprochen.

Englischsprachige lesen den Ortsnamen auch als Stanton, ein häufiger Nachname und Ortsname im englischsprachigen Raum. Für Australier ist ein Stanton ein Huttyp.

Und dann gibt es ja noch das DJ Ötzi-Lied `Ich bin der Anton aus Tirol...´

Vorarlberg

Kanton Übrig

Während Vorarlberg einst auch als *Schwanzfeder des Kaiseradlers* bezeichnet wurde, ist ein historischer Schweizer Ausdruck für Vorarlberg *Kanton Übrig*. Nach dem Ersten Weltkrieg war Österreich als recht kleiner deutschsprachiger Staat aus der Doppelmonarchie hervorgegangen, der zudem durch Verlust industriestarker Regionen in Böhmen vor wirtschaftlichen Problemen stand. So gab es manche, die sich für einen Zusammenschluss mit Deutschland aussprachen. Die Vorarlberger hingegen wollten sich der Schweiz anschließen. Eine Volksabstimmung ergab, dass 82 % der Vorarlberger sich für Anschlussverhandlungen mit der Schweiz aussprachen. Doch der Anschluss kam nicht zustande, teilweise auch, weil die französischsprachige Schweiz ein zu großes Gewicht des deutschsprachigen Landesteils fürchtete. Ob man sich in Vorarlberg vorarlbert fühlte? Vorarlberg war zudem damals noch ein recht armer Kanton, der nicht so ökonomisch prosperierte wie heute. Heute nutzt Vorarlberg, wie Baden-Württemberg, mit welchem es alemannische Dialektgemeinsamkeiten teilt, als Selbstbezeichnung *Ländle*. Zu Vorarlberg, mit einer Fläche von 2600 km^2 und 370 000 Einwohnern selbst in Österreich ein kleines Bundesland, passt dieser Diminutiv allerdings besser.

Der österreichische Dichter H.C. Artmann (1921-2000) nannte das Bundesland scherzhaft *Fahrradlberg*.

Bregenz

Das Mehr am See

Dem See wegen
Mehr Nebel und mehr Regen
Von den Bergen begrenzt regnet´s
dialektischer: in Bregenz regent´s.

Als ich im Juli 2018 die Bregenzer Festspiele besuchte, musste ich die leidvolle Erfahrung machen, in *Bregenz regent´s,* zumindest im Hochsommer. Im Herbst und Winter herrschen of Nebellagen. Vielleicht sollte man sich nicht aufregen, denn das gehört halt zum Mehr am See (Stadtslogan).

Dornbirn

Dornbirn
Prägte einst der Zwirn
Alte Textilstadt, unweit vom Rhein
Hochschulstadt will sie heut sein.

Birne ist im Alemannischen Dialekt Vorarlbergs auch ein Ausdruck für den Kopf. Ein Dornenkopf, dabei denkt man an ein Abbild von Jesus Christus.
Dornbirn ist mit 50 000 Einwohnern die größte Stadt Vorarlbergs und stark von Zuwanderung geprägt, auch aus nichtchristlichen Kulturräumen und nicht alle sind mit dem örtlichen Dialekt vertraut. Ob alle verstehen, wie der Name gelesen werden kann? Zumindest in Wien kann man sich das zusammenreimen.

Kärnten

Silicon Alps

In den Boomzeiten der `New Economy´ Ende der 90er Jahre gab sich Kärnten in Anlehnung an das *Silicon Valley* den Beinamen *Silicon Alps*. Das wichtigste Standbein war dabei Villach, wo 1979 von Siemens ein Entwicklungszentrum für Mikroelektronik eingerichtet wurde. Heute besitzt die aus dem Halbleiterbereich von Siemens hervorgegangene Firma Infineon in Villach ein Kompetenzzentrum für Automobil- und Industrieelektronik.

Sonst ist das Bundesland als Folge des Hypo Alpe Adria-Skandals, der mit den übergroßen Ambitionen von Landeshauptmann Jörg Haider (1950-2008) zusammenhing, stark verschuldet, zeitweise sprach man vom *Pleiteland* Kärnten. Die Bevölkerung schrumpft gegen den Österreich-Trend deshalb sogar, außer in Klagenfurt.

Klagenfurt

Klagenfurt - so magisch in der Nacht,
wer hätte jemals das gedacht?
Literaten, Bachmann und Musil,
Am Wörthersee der Worte viel.

Mit den hier geborenen Literaten Ingeborg Bachmann (1926-1973, ein nach ihr benannter Literaturpreis wird jährlich in der Stadt verliehen) und Robert Musil (1880-1942) meint man, Klagenfurt müsste am *Wörtersee* liegen. Klagenfurt ist eine prosperierende Stadt (Klagifornia), welche vor wenigen Jahren die 100 000 Einwohner-Marke erreicht hat. Von Wienern wird die Stadt dennoch eher als *Klagendorf* wahrgenommen. Zur Fußball-EM spottete die Bild-Zeitung, das recht kleine Stadion der Stadt, Spielort der deutschen Mannschaft, aber mit wenig Plätzen, sei nur ein Klagenfurz. Manche machen das beste aus der slowenischen Namensversion CeLOVEc, andere verballhornen dies zu Zlotzendorf.
Der Schlagersänger Tony Marshall sang 2001: *Und der Magen knurrt bis nach Klagenfurt.*

Villach

Wo ein Villach ist, ist auch ein Weg.

Gesehen in Villach im Februar 2020

Muss man in Villach viel lachen? Auf jeden Fall scheint es dort gute Kuchen zu geben. Wo ein Wille ist, ist auch ein Weg, ist ein Lehnsprichwort aus dem Englischen (where there is a will, there is a way). Die *Welt als Wille und Vorstellung* ist wiederum eine Schopenhauer (1788-1860)-Referenz. Nicht alle Wege führen nach Villach, aber wo Villach ist, ist auch ein Weg und wo viel Lachen ist, geht man diesen Weg gerne, auch wenn man in Villach nicht in eine Vorstellung geht.

Wolfsberg

Wolfsberg ist nicht Wolfsburg

(Bild: Gerhard Pulsinger)

Der Wolfsberger AC, mittlerweile RZ Pellets WAC genannt, ist ein erfolgreicher Verein der österreichischen Bundesliga. Zurzeit steht er in der Tabelle an zweiter Stelle nach RedBull Salzburg. Die Deutsche Bundesliga ist mit fast 4 Milliarden Umsatz jedoch pro Jahr mehr als 10x so umsatzstark wie die österreichische Bundesliga. Wenn ein hochkarätiger Spieler nach Wolfsberg wechselt, spekulieren manche, ob dieser die Stadt nicht mit Wolfsburg (der von VW unterstütze VfL Wolfsburg ist ein wichtiger Verein der deutschen Bundesliga) verwechselt hat. Auch Trainer verwechseln diese Städte wegen der Namensähnlichkeit immer wieder. Trotz der Bedeutung als Fußballstadt und Konzernsitz kam es in der Vergangenheit immer wieder vor, dass ICE-Lokführer vergaßen, in Wolfsburg zu halten. Das kann den Wolfsbergern nicht passieren, denn am Bahnhof der Nebenstrecke halten nur Regionalzüge.

Steiermark

Die grüne Steiermark

Wegen ihrer grünen Matten spricht man auch von der (schönen) *grünen Steiermark*, sie gilt als *grünes Herz Österreichs* und auch die Landesflagge zeigt (weiß-) grün. Auch die steirischen Grünen nutzen den Spruch von der grünen Steiermark für ihre Zwecke. Dabei ist die Steiermark eher rot (KPÖ-Bürgermeisterin in *Stalingraz*). Beim Spottnamen St. Eiermark muss man jedoch an weiß-gelb denken.

In Bad Aussee (Steiermark) gibt es eine Band, die sich SteIRISH stew nennt.

Graz

La ville des graces sur la rivière de l´amour.

(die anmutige Stadt am Liebesfluss, Wortspiel französischer
Soldaten während der Besetzung 1806-1809)

Im September 2021 gewann in Graz überraschend die
Kandidatin der Kommunistischen Partei Österreichs (KPÖ)
Elke Kahr die Bürgermeisterwahl. Spötter bezeichneten die
Stadt daraufhin als *Stalingraz*, Der SPIEGEL auch als
Leningraz. *Graz darf alles*, so ein Slogan der Stadt, ist wohl
wörtlich zu nehmen. Und *Graz hat´s* (ehemaliger
Werbeslogan der Stadt Graz). Ein anderer Slogan ist *Graz,
Königin der Herzen*. Als solche gewann wohl Elke Kahr die
Wahl.
Die Steiermark hat Graz und Wien hat das Grätzel, in
welchem man wohnt.
Im südlich des Alpenhauptkammes gelegenen Graz weht oft
ein milder Wind aus Süden. In *Graz waht´s*, sagt man auch.

Eisenerz

Eisenerz gehört mein Herz.

(Bild: Wikipedia, Fotograf: Ralf Roletschek, roletschek.at)

Nach einer Sage wurde einst in der Nordsteiermark mithilfe eines Mantels, der mit Pech getränkt war, ein in einer Grotte lebender Wassermann gefangen. Für seine Freilassung bot er
`Gold für zehn Jahr, Silber für hundert Jahr oder Eisen für immerdar´.
Die Bewohner wählten letzteres, woraufhin der Wassermann ihnen den Erzberg zeigte. Dort wird noch heute Eisenerz abgebaut. Die dort entstandene Stadt wurde nach dem Erz benannt.
Künstler dieser shrinking city vermarkten ihre Produkte auch mit dem Slogan *EisenerZ-ART*.

Leoben

Wenn ich auf meine Stadt so blick...
Umschlungen von dem Fluss, der Mur
Da bietet sie viel Schönes nur.

(Albert Nagele, 1927-1999)

(Bild: Wikipedia, Fotgraf Freisinger)

Im vokalreichen steirischen Dialekt wird Leoben angeblich *Laeioum* ausgesprochen und ist damit die einzige Stadt in Österreich, bei der alle Vokale in der richtigen Reihenfolge vorkommen. Leoben, das *Tor zur steirischen Eisenstraße*, liegt an der aufgrund von Bodenschätzen wie Erzen altindustrialisierten Mur-Mürz-Furche. Anlehnend an den Ruhrpott wird dieses Gebiet scherzhaft auch Murpott genannt.

Während Thomas Bernhard Leoben, wie viele Städte, beschimpft hat, schien der Dichter Albert Nagele der Meinung zu sein, Leoben muss man loben, denn hier lässt es sich gut leben.

2. Südtirol

Das bis zum Ersten Weltkrieg zu Österreich gehörende Südtirol (italienisch Alto Adige) ist heute die reichste und am besten organisierte Region Italiens. Mittlerweile hat sie sogar die höchste Geburtenrate des Landes. Seit den guten Ergebnissen in der OECD PISA-Studie wird Südtirol auch *Finnland des Südens* genannt.

Meran

Vom Kuhort zum Kurort.

(Bild Wikipedia, Fotograf: Noclador)

Meran ist der Inbegriff eines attraktiven, schön gelegenen Kurortes mit südlicher Atmosphäre. In Süddeutschland gibt es Orte, die *Meran des Nordens* genannt werden, zum Beispiel Bad Reichenhall. Dabei musste Meran sich selbst erst ab der zweiten Hälfte des 19. Jahrhunderts von einem bäuerlichen Kuhort zum mondänen Kurort entwickeln. Geholfen hat dabei auch der Bau der Eisenbahn und die Zugehörigkeit zu Österreich, wo es zu den südlichsten Städten gehörte. Nach dem Ersten Weltkrieg kam Meran zu Italien und war plötzlich eine nördliche Stadt im Land, konnte jetzt aber mit dem Bergklima punkten. Auf Italienisch heißt die Stadt Merano und da sind eigentlich alle Buchstaben von Amore enthalten.

3. Schweiz

Die Schweiz hat eine lange Tradition von Kantons-
beinamen. Die humoristische Zeitung *Der Postheiri*, 1845-
1875 von Alfred Hartmann herausgegeben, nannte
beispielsweise den Kanton Bern Mutzopotamien (von Mutz,
der Bär) und den Thurgau Mostindien. Im Jahre 2017 hatte
die Schweizer Post mit Ortswortspielen großen
Marketingerfolg. Auf den gelben Postcontainern waren
unter dem Motto *alles schnell nach überall* zahlreiche
Wortspiele zu Schweizer Orten zu lesen. Diese Container
sind noch heute zu sehen.

Die Schweiz ist zudem ein kleines, aber komplexes, multi-
kulturelles Land. Die französisch-deutsche Sprachgrenze
zwischen Ost- und Westschweiz wird umgangssprachlich
auch als *Röstigraben* (bzw. Röschtigraben) bezeichnet.
Westlich davon stimmen die Bürger liberal und europa-
freundlich ab, östlich davon eher konservativ und
europaskeptisch. Eine Ausnahme ist Basel, das mit seinen
liberalen Positionen eigentlich westlich des Röstigrabens
liegen müsste. Der Mentalitätsgraben, welcher Basel von
der übrigen Deutschschweiz trennt, wird manchmal auch
(nach den Basler Läckerli) *Läckerli-Graben* genannt. Auch
die italienischsprachige Schweiz weist mentalitätsmäßig
ihre Besonderheiten auf. Sie ist von der übrigen Schweiz
durch den *Polentagraben* (bzw. Risottograben) getrennt, ein
Begriff, der von Journalisten kreiert wurde. In Graubünden
teilt zudem der *Nusstorten-Äquator* deutschsprachige von
rätoromanischen Sprachgebieten (die Nusstorte ist eine
Bündner Spezialität).

Was der Bundesbahn-Blues für Österreich, ist der Song *Wallisele* von Stiller Has für die Schweiz, denn etliche Ortsnamen werden hier aufgezählt. Auszug:

Wallisele, Wallisele
Was söll i nume in Wallisele..

Aarou ar Aare- dürefahre
Früecher hets öppis golte, Olte
Hüt wott niemer meh holte in Olte
Hunzenschwil- riss nid so viel
Schön singen in Oensingen
Kolike in Köllike
E Chue muhet in Muhen
U när düre bi rot durch Dürrenroth
Wohäre wettsch?
Nach Gletsch
Muesch zrugg gäge Brugg
S brönnt gärn z Luzärn, s brönnt gärn z Luzern
Schaffhuse - fahr use
Abzelle, Bölle schelle

..Mir hätt doch is Wallis sölle u nid uf Wallisele
Wallisele, Wallisele
Uh Wallisele.

Zürich, Schaffhausen und Zug

Das Goldene Dreieck

Die Städte Basel, Bern und Zürich bilden das *Goldene Dreieck*, den wirtschaftlichen Kernraum der Schweiz.

In diesem Dreieck findet sich unter anderem der zentral gelegene Kanton Aargau und das Schienen- und Autobahnkreuz Olten, wo sich Nord-Süd- und Ost-West-Verkehrsachsen kreuzen.

Das Steuerparadies

Die Schweiz gilt international als Steuerparadies. Aber auch zwischen den Kantonen der Schweiz gibt es bedeutende steuerliche Unterschiede. Als Schweizer Steuerparadies gilt der zentral gelegene Kanton Zug, in welchem sich zahlreiche Unternehmenszentralen und Begüterte aus der Schweiz und dem Ausland angesiedelt haben, deshalb auch Bonzischtan genannt.

Zürich

Zürich- zu reich?
Zurich bleiben, ohne zurückzubleiben.

Ist Zürich zu reich? Zürich ist auf jeden Fall eine der wirtschaftsstärksten und reichsten Städte Europas. Durch die protestantische Prägung protzt man jedoch nicht mit dem Wohlstand. Die Wohlhabenden wohnen diskret am Zürichberg oder an der (östlichen rechten) *Goldküste* des Zürichsees. Die schattigere westliche (linke) Seeseite wird auch Pfnüselküste (Schnupfenküste) genannt. Eine Idylle ist die Stadt jedoch nicht, um 1980 gab es schwere Krawalle (Züri brännt), lange fand sich in Bahnhofsnähe (Platzspitz) eine harte offene Drogenszene. Die Berner Zeitung meinte, *Zürich steht nie still, immer is(s)t einer auf dem Sprüngli* (eine Confiserie). Es gibt den Witz eines Schweizers, Schwaben und Preussen, die im Zug von Zürich nach Stuttgart sitzen. In Singen fragt der Schweizer den Preussen `Sind sie au in Züri gsi?´. Der macht eine Miene, als ob er nichts verstünde und der Schwabe übersetzt `Gwä´.

51

Winterthur

Züri brännt, Winti pennt

Im Mai 1980 kam es in Zürich zu den sogenannten Opernhauskrawallen, Zusammenstößen zwischen Jugendlichen und der Polizei. Obwohl Industrie- und Arbeiterstadt blieb es in Winterthur jedoch ruhig, wohl weil dort eine Universität fehlte. In Zürich hieß es damals unter den Protestlern:
Züri brännt, Winti pennt.
Winterthur hat nicht die Gewässer und Berge anderer Schweizer Städte. Dennoch wird die Stadt nach ihrem Fluss Eulachstadt genannt. Doch nirgends im Zentrum ist die Eulach zu sehen. Der seit langem verrohrte Fluss durchfließt das Stadtzentrum unterirdisch

Kloten

Airport Zürich-Kloten

Früher hieß der Züricher Flughafen nach der entsprechenden Gemeinde, auf welcher er hauptsächlich liegt (insgesamt sind es 5 Gemeinden), Kloten. Niederländischsprachige fanden das nicht so gut, denn bei denen ist das das Wort für Hoden. Später versuchte man es mit Unique Airport. Ein amerikanischer Tourist soll in St. Gallen ins Taxi gestiegen sein und *Unique Airport* please gesagt haben. Er wurde nach München (Munich Airport) gebracht. Mittlerweile nennt sich der Flughafen unmißverständlich *Zürich Airport*.

Schaffhausen

Am Rhein in Schaffhausen,
tut´s Schaffen niemand grausen,
in dieser schönen Werkerstadt
in der es viele Erker hat.

Als ich im Februar 2022 durch Schaffhausen laufe fallen
mir die vielen Erker an den historischen Häusern der
Altstadt auf. Kein Wunder, dass Schaffhausen Erkerstadt
genannt wird. Im Krieg durch die Nähe zu Deutschland
versehentlich von den Amerikanern bombardiert, wurde es
bald wieder perfekt aufgebaut und die Stadt am Rheinfall ist
für Touristen sicher kein Reinfall.

Zug

ZG= zu viel Geld

Zug ist der Kanton mit dem niedrigsten Steuersatz in der
Schweiz, entsprechend wirtschaftsstark und Sitz
internationaler Konzerne. Andere Schweizer interpretieren
das Kantonskürzel ZG als zu viel Geld oder nennen den
Kanton *Bonzischtan.*
Auch in Zug Stadt haben sie viel Geld, denn Zuger zahlen
die Rechnung in Baar (eine andere Stadt im Kanton).

Nordwestschweiz (Aargau, Basel, Solothurn)

Die Pillenstadt

Der Halbkanton Basel-Stadt wird von der Chemie- und Pharmaindustrie geprägt, darunter Firmen wie Ciba, Hoffmann-La Roche und Novartis. Deshalb wird Basel auch Chemiestadt oder Pille(n)stadt genannt. Die Zürcher sagen zu den Baslern auch spöttisch Basylanten.

Rüebliland, Kulturkanton und Nukleargau

Der Kanton Aargau wird auch als *Rüebliland* (oder *Rueblikanton*) bezeichnet. Rüebli ist das Schweizer Wort für Karotte, doch diese wurden im Aargau eigentlich kaum angebaut. Eher waren es Rüben, doch irgendwann wurde wohl aus Rübenland das schweizerisch klingende Rüebliland und sogar Postkarten aus dem Kanton wurden mit diesen Rüebli verziert.

Ein anderer Beiname für den Kanton Aargau ist *Kulturkanton*. Dieser Begriff stammt aus dem 19. Jahrhundert. Im Jahr 1811 gründeten fortschrittliche Aargauer Politiker, Schriftsteller und Verleger die `Gesellschaft für vaterländische Kultur´ auch `Kulturgesellschaft´ genannt, mit dem Ziel, den Bildungsstand der Bevölkerung zu heben. Diese Tätigkeit strahlte in die ganze Schweiz aus, und bald wurde der Aargau von den einen bewundernd, von den anderen spöttisch, `Kulturkanton´ genannt. Im Herbst 1968 machte der Kanton seinem Beinamen alle Ehre, als von den Aargauern in einer Volksabstimmung ein Kulturgesetz angenommen wurde. Der Kanton war damit einer der ersten der Schweiz, der die Förderung und Pflege von Kultur gesetzlich verankerte. Ein Viertel des Schweizer Stroms wird im Kanton Aargau produziert, weshalb dieser auch den Beinamen *Energiekanton* hat. Da der Strom größtenteils durch Kernkraftwerke erzeugt wird, sagen manche auch *Nukleargau*, was Aargauer aber nicht gerne hören.

Aarau

Aarau an aare, durefahre
(Has Stiller, Song Walliselle)

Aarau wird auch als Stadt der schönen Giebel bezeichnet. Interessant dass der Buchstabe a 60% des Stadtnamens ausmacht.

Frick

Ist man in Frick zuhaus
ist's ein Graus,
sagt jemand Frick dich
dann frickt man aus.

Wohnen in der Gemeinde Frick im Aargau die Fricker, und werden die weiblichen Bewohner Frickadellen genannt?

Olten

Die Stadt ist online
und Olten folgt auf Olnine.

Früecher hets öpis golte, Olte,
Hütt wett niemand mehr holte in Olte
hieß es im Lied Walliselle der Schweizer Mundartgruppe
Has Stiller. Der Leadsanger Eno Anaconda (Andreas Flück-
iger) war gerade dabei nach Olten umzuziehen, als er im
Februar 2022 starb.

Olten, im Goldenen Dreieck Basel-Bern-Zürich gelegen, ist
ein zentraler Eisenbahnknoten der Schweiz. Im Oltener
Bahnhof befindet sich sogar der Nullstein des Schweizer
Eisenbahnnetztes. Aufgrund der guten Bahnerreichbarkeit
wurden mehrere Schweizer Vereinigungen im Oltener
Bahnhofsrestaurant gegründet. Das Bahnhofsviertel von
Olten gilt vielen jedoch als eher hässlich und prägt das
Image der Stadt. Dabei gibt es in Olten auf der anderen
Seite der Aare, die über eine alte Holzbrücke erreichbar ist,
eine wunderschöne und gut sanierte Altstadt.

Solothurn

11 Buchstaben: Solothurn (SO)

Gibt es in Solothurn eigentlich auch Solo-Turner? Der Verein Soleureplexus spielt mit dem französischen Wort für Solothurn und Solarplexus, dem Nervengeflecht im Brustbereich.

Für die Solothurner ist die 11 (im örtlichen Dialekt Öufi) eine heilige Zahl. So gehören 11 Kirchen und Kapellen, 11 Brunnen und 11 Türme zum Bild der Altstadt und Solothurn wird als 11 Kanton der Eidgenossenschaft gelistet. Leider hat der Stadtname nur 9 Buchstaben, aber wenn man das Kantonskürzel dazunimmt sind es 11.

Ostschweiz (Thurgau, St. Gallen, Appenzell)

Mostindien

In der Schweiz wird der Kanton Thurgau auch als *Mostindien* bezeichnet. Der Kanton grenzt an den Bodensee und ist ein wichtiges Schweizer Apfelanbaugebiet. Historisch war es jedoch eher die Produktion von Birnenmost, die zum Beinamen führte.

Der Bestandteil Indien im Spitznamen hängt auch mit der Form des Kantons zusammen, die etwas gestaucht, (teilweise auch, wenn man diese um 90 Grad dreht) derjenigen des Subkontinents gleicht. So spielt Mostindien auf Ostindien an (die Karibik gilt seit Kolumbus als Westindien).

Der Fünfliber im Kuhfladen

Appenzell ist nach der Abtzelle benannt, St. Gallen nach dem irischen Mönch Gallus (lat. der Kelte). Der Kanton Appenzell ist völlig vom Kanton St. Gallen umschlossen. Die St. Galler haben bereits über diesen Kanton als *Fliegenschiss* gespottet, die Appenzeller kontern damit, sich als *Fünfliber in einem Kuhfladen* (ein silbernes Fünf-Franken-Stück im Kuhfladen St. Gallen also) zu bezeichnen. Die Appenzeller werden andererseits auch als *Rappenzähler* verballhornt. Appenzell, dessen Existenz auch mit dem erfolgreichen Kampf gegen den Bischof des katholischen St. Gallens zusammenhängt, ist wiederum in den protestantischen Halbkanton Appenzell-Ausserrhoden und den katholisch geprägten Halbkanton Appenzell-Innerrhoden gespalten. In Innerrhoden wurde das Frauenwahlrecht erst im Jahr 1991 eingeführt.

St. Gallen

St. Gallen
gefällt allen,
außer, wenn man´s nicht in den Beinen hat,
denn es ist ´ne Stägestadt

St. Gallen liegt tief in der Ostschweiz. Für die französischsprachigen Westschweizer ist das weit entfernt. Sie sagen manchmal scherzhaft zur Stadt Sénégal.
Die Topographie St. Gallens, zwischen zwei Hängen gelegen, bringt es mit sich, dass es viele Treppen in der Stadt gibt. St. Gallen wird deshalb auch Treppenstadt oder Stägestadt genannt. Fast möchte man schreiben St. Ägestadt St. Gallen.
Die Fans des FC St. Gallen nutzen macnhmal den Schlachtruf `*Hopp St. Gälle, ine mit de Bälle´*.

Wil

Wil, dort wo ich hinwill
Zu sehen gibt's hier viel.
Die Altstadt perfekt
Fast wie geschleckt.
Ein gutes Ziel,
denn wo ein Weg ist,
ist auch ein Wil.

Wil ist die zweitgrößte Stadt des Kantons St. Gallen, zentral in der Ostschweiz gelegen, mit gut erhaltener, auf einem Landrücken gelegener Altstadt. Diese ist ein gutes Ziel, will man nach Wil.

Frauenfeld

Was passiert, wenn Männedorf
und Frauenfeld eine
Küssnacht haben-
ein Bubikon.

(Schweizer Spruch)

Frauenfeld ist die Hauptstadt des Kantons Thurgau (auch
Mostindien genannt) und mit 25 000 Einwohnern auch
dessen größte Stadt, wo es an Frauen nicht fehlt. Männedorf
liegt im Kanton Zürich, Bubikon ebenfalls. Küssnacht liegt
im Kanton Schwyz, mit einem s weniger jedoch im Kanton
Zürich.

Tilsit

Tilsit: von Ostpreußen nach Mostindien.

Die Schweiz ist eine Käsegroßmacht. Nur Frankreich hat einer größeren Zahl von Käsesorten den Namen gegeben.
Nach deutschen Orten benannte Käsesorten gibt es praktisch nicht. Eine Ausnahme war historisch der nach der ostpreußischen Stadt benannte Tilsiter. Doch Tilsit heißt heute Sowjetsk und gehört zu Russland. Die cleveren Schweizer witterten hier eine Chance. Sie nannten einen Thurgauer Weiler bei Weinfelden mit Käseproduktion einfach in Tilsit um. Ursprünglich soll das Käseproduktions-Know how sowieso aus der Schweiz nach Tilsit gekommen sein. So schloss sich der Kreis.

Appenzell

Mein Vatter is a Appenzeller
Er frisst an Kaas mitsamt am Deller.

(Franzl Lang, 1955)

Die fleißigen und sparsamen Appenzeller werden
scherzhaft auch Rappenzähler genannt. Ein Spottausdruck
ist auch *Teppichrandspringer*. Die Appenzeller gelten (zu
Unrecht) als klein, vielleicht weil der Bergkanton so winzig
ist. *Wie begeht ein Appenzeller Selbstmord? Er spring vom
Teppichrand*, lautet ein gängiger Witz.

Südostschweiz (Glarus, Graubünden)

Graubünden - die Schweiz im Kleinen

Graubünden ist der flächenmäßig größte Kanton der Schweiz. Der Kanton ist dreisprachig (deutsch/rätoromanisch/italienisch), wobei Rätoromanisch scherzhaft auch Rätselromanisch genannt wird, und er umfasst Gebiete nördlich und südlich des Alpenhauptkammes. Deshalb wird Graubünden manchmal auch als *Schweiz im Kleinen* bezeichnet. Er wird wegen seiner Topografie auch *Land der tausend Gipfel* (außerdem wurden 150 Täler gezählt) und wegen seiner 650 Seen auch *Land der Gipfel und des Wassers* bzw. *Land der tausend Täler, Gipfel, Kirchen und Schlösser* genannt. Wegen seines Wappens gilt er zudem als *Steinbockkanton* und da er für manche Schweizer ein weißer Fleck ist, auch als *Räthisch Kongo*.

Glarus und der Zigerschlitz

Glarus hat die Welt nicht nur durch den Textildruck bereichert, sondern auch den Ziger, eine Käsespezialität, die aus Molke hergestellt wird. Ziger wird nicht am Stück gegessen, sondern eher zum Würzen von Speisen genutzt. Dazu wird vom Ziger die gewünschte Menge abgeschabt.
Daher kommt der Name Schabziger, welcher als ältestes Markenprodukt der Schweiz gilt. Dieser soll in den Glarner Alpen bereits seit dem 8. Jahrhundert hergestellt worden sein. Im Mittelalter musste Glarus an das Kloster Säckingen Abgaben liefern. Dies tat man in Form des Schabzigers, den man mit dem Schabzigerklee, den Kreuzfahrer aus dem Orient mitgebracht hatten, würzte. Diesem Produkt wurde ab 1463 ein Markenzeichen aufgeprägt - das älteste Markenzeichen der Schweiz.
Nach dem Zigerkäse wird der Kanton, dessen Linthtal wie ein Schlitz in den Alpen liegt, auch *Zigerschlitz* genannt.

Davos

Davos schön ist, Davos teuer ist.

(Quelle Wikipedia, Author Yesuitus 2001)

Davos schön ist, Davos teuer ist (bzw. Da, wo´s teuer ist)
bietet sich als Wortspiel an. Dabei ist Davos architektonisch
mit seiner Klötzchenarchitektur gar nicht mal so schön. Es
ist die Landschaft, welche beeindruckt. Teuer ist Davos
eigentlich immer, aber besonders hoch sind die Hotelpreise,
wenn das Weltwirtschaftsforum hier stattfindet.
Coronabedingt ist es allerdings die letzten Jahre
ausgefallen.

Zentralschweiz und Kanton Bern

Im 19. Jahrhundert nannte die satirische Zeitschirft Der Postheiri (1845-1872) Bern Mutzenopolis und den Kanton Mutzopotamien, denn das Berner Wappentier der Bär wird in der Schweiz auch als Mutz bezeichnet. Mit 1 Million Einwohnern und 6000 km^2 ist Bern der bevölkerungsmäßig nach Zürich (1.5 Millionen Einwohner) und flächenmäßig nach Graubünden (7100 km^2) größte Kanton der Schweiz. Allerdings wird er immer kleiner. 1979 spalteten sich französischsprachige Gebiete als Kanton Jura ab. Im März 2021 stimmte die Stadt Moutier in einer Volksabstimmung für den Anschluss an den Kanton Jura.

Bern

Bern han i gärn

Fügt man zwei Buchstaben hinzu, wird aus Bern Berlin. Bern ist jedoch viel kleiner, hübscher (UNESCO Welterbestadt) und gemächlicher als Berlin. Außer am Hauptbahnhof. Mit den unglaublichen Passantenströmen wirkt dort das angeblich langsame Bern dynamischer.

Wenn die Fahne auf Halbmast steht, sagt man im Französischen *drapeau en berne. En Suisse le drapeau est en Berne*, bietet sich als Wortspiel an (in der Schweiz ist die Fahne auf Halbmast/in Bern).

Nach dem Bären als Wappentier (auch Mutz genannt) wurde Bern früher auch scherzhaft Mutzenopolis genannt.

Luzern

s.brönnt gärn z Luzärn.

Im Februar 1971 zerstörte ein verheerender Brand den teilweise in Jugendstil gehaltenen Bahnhof von Luzern. Im Jahre 1993 brannte die hölzerne Kapellbrücke der Stadt ab (wurde aber in gleichem Stil wieder aufgebaut). Die Mundartband Stiller Has (bzw Andreas Flückiger) sang nicht ohne Grund die Zeile *s´brönnt gärn z Luzärn*.
Und das alles, obwohl es in Luzern viel regnet, weshalb Luzern auch *Schüttsti vo de Schweiz* genannt wird (Schüttstein der Schweiz).

Emmen

Z´ ämme ässe

(Motto des Foodfestivals der Quartiervereien Emmen)

(Source: Wikipedia, author Mllero)

Emmen ist ein schnell gewachsener, moderner, fast großstädtisch wirkender Vorort von Luzern, mit allerdings nur schwacher historischer Identität. Um die Identifikation mit der Gemeinde zu stärken, wird jedes Jahr ein Foodfestival organisiert. Das steht unter dem Motto Z´ämme ässe (was sowohl als Zusammen essen als auch in Emmen essen verstanden werden kann).

Weggis

Weggis das Ziel

Weggis (Kanton Luzern, 4400 Einwohner) liegt schön am Vierwaldstätter See. Kein Wunder, dass für viele Touristen Weggis das Ziel ist. Wenn sie dann mal da waren, gilt allerdings *weg ist das Ziel*.

Thun

Es gibt viel zu Thun in der Stadt.

Im Reisebuchladen gibt es nicht viel zu Thun, für Reiseschriftsteller also viel zu tun. In den grünlich schimmernden Stadtgewässern schwimmen viele Fische, aber die Fische von Thun sind keine Thunfische.

Man ist fast geneigt, zu reimen: *ich wollt ich wär ein Huhn, ich flöge dann nach Thun. Viel Fische gibt's in dieser Stadt, Thunfische machen ziemlich satt.*

Westschweiz und Tessin

Die französisch-deutsche Sprachgrenze zwischen Ost- und Westschweiz wird umgangssprachlich auch als *Röstigraben* (bzw. Röschtigraben) bezeichnet. Die Sprachgrenze verläuft durch den Kanton Freiburg, wo der Fluss Saane ein anschauliches Symbol für den Röstigraben abgibt. Die französischsprachigen Schweizer sagen übrigens *Rideau de Rösti* (also Röstivorhang, was an den `Eisernen Vorhang´ erinnert). In Volksabstimmungen wird die Existenz des Röstigrabens oft deutlich. Westlich davon stimmen die Bürger liberal und europafreundlich ab, östlich davon eher konservativ und europaskeptisch.

Neuenburg - der Uhrenkanton

In der Schweiz konzentriert sich die Uhrenproduktion im Mittelgebirgsrücken Schweizer Jura. Dort zwangen (wie im Schwarzwald) lange Winter die Bevölkerung, in der kalten Jahreszeit eine weitere Erwerbsquelle zu finden. So entwickelte sich früh eine handwerkliche Uhrenproduktion. Als Wiege der schweizerischen Uhrenindustrie gilt die Stadt Le Locle im Kanton Neuenburg, wo sich dieses Gewerbe seit 1705 entwickelte. Mit La Chaux-de-Fonds gibt es im Kanton Neuenburg eine weitere wichtige Uhrenstadt. Biel/Bienne, ebenfalls Uhrenstadt, liegt allerdings im Kanton Bern.

Jura

Der Kanton Jura wurde 1979 durch Abspaltung französischsprachiger Gebiete vom Kanton Bern geschaffen. Zum Jura gibt es das französischsprachige Wortspiel: *Il Jura, mais un peu tard* (Er wird schwören, aber ein bisschen spät).

Genf

Genevalive,

Auf English bietet sich Genf, also Geneva für Wortspiele an, denn da das Wort mit a endet lassen sich viele englische a-Worte einfach anhängen. Beispiele dafür sind etwa *Genevalive*, *Genevaheadoftime* oder *Genevandyou*.
Ansonsten wird die UN-Stadt Genf nach dem protestantischen Reformer auch *Calvinstadt* genannt, während Zürich die *Zwinglistadt* ist.

4. Liechtenstein

Liechtenstein (ein Mikrostaat mit 37 000 Einwohnern) ist eines der Länder, welches am häufigsten falsch geschrieben wird. Oft habe ich es als Lichtenstein gelesen, vor allem in europäischen statistischen Publikationen. Vor allem Englischsprachige machen diesen Fehler, vielleicht weil es in den USA den Künstler Roy Lichtenstein (1923-1997) gab. Liechtenstein galt lange als Steuer- und Geldwäscheparadies und als Finanzzentrum. Weniger bekannt ist der hohe Industrialisierungsgrad des Landes. Die von zwei Brüdern vor dem Zweiten Weltkrieg gegründete Bautechnologiefirma Hilti mit Sitz in Schaan ist ein Milliardenkonzern. Ivoclar (Zahntechnik) und Hilcona (Lebensmittel) sind weitere bedeutende Firmen. Mit seinen Hi-Tech-Firmen sieht sich Liechtenstein auch als *Precision Valley*.

Liechtenstein teilt eine Besonderheit mit Usbekistan. Es ist ein Binnenland, welches völlig von Binnenländern umgeben ist. Die Engländer sagen dazu double-landlocked country.

Vaduz

Vaduzt in der Hauptstadt

Die Hauptstadt von Liechtenstein (eigentlich Hauptort, da es im Land keine Städte gibt) hat nur etwa 5000 Einwohner. Zu sehen gibt es jedoch einiges, zum Beispiel 5 Museen, darunter große Kunstmuseen. Man ist ganz vaduzt. Auch über die Tatsache, dass auch Goethe (im Jahre 1788) schon hier war. In Vaduz kennt sich in der Geschäftswelt jeder. Ob man sich da auch (va) duzt?

Bildnachweis

Bilder vom Autor, mit folgenden Ausnahmen:

Ort   Autor

Bilder von Freunden und Bekannten

Wien-Döbling	Bernhard Rohm
Ried im Innkreis	Bernhard Rohm
Wolfsberg	Gerhard Pulsinger
Olten	Frank Merbitz
Weggis	Frank Merbitz

Wikipedia (Bilder von Wikipedia-Seiten der Orte)

Lunz am See	Bwag
St. Florian	Bwag
St. Johann am Walde	Bwag
Suben	Lackerbeck
Eisenerz	Roletschek
Leoben	Freisinger
Meran	Noclador
Davos	Yesuitus 2001
Emmen	Mllero

Creative commons link ist zu beachten

https://en.wikipedia.org/wiki/Creative_Commons

Webseiten als Songtext- und Beinamenquellen

Züri-Slängikon: Land & Leute (zuri.net)
www.mundmische.de
www.musicmatch.com/de
www.regiowiki.at

Weitere Bücher des Autors zu Städten (Siehe www.bod.de)

100 Orte, 100 Worte
Neues aus der (W)Ortspielhölle
Books on Demand, Norderstedt 2022

Butterseelenallein
100 Städte in Baden-Württemberg und im Elsass, welche man kennen sollte.
Books on Demand, Norderstedt 2022

Tief im Westen
100 Städte im Westen Deutschlands, welche man kennen sollte
Books on Demand, Norderstedt 2022

Zeitzeeing
100 Städte in Mittel- und Ostdeutschland, welche man kennen sollte
Books on Demand, Norderstedt 2022

Von Kassel bis Kusel
100 Städte in Hessen, Rheinland-Pfalz und im Saarland, welche man kennen sollte
Books on Demand, Norderstedt 2022

Nordlichter
100 Städte in Norddeutschland, welche man kennen sollte
Books on Demand, Norderstedt 2022

Weiß-blaue Schatzkästlein
100 Städte in Bayern, welche man kennen sollte
Books on Demand, Norderstedt 2022

Puppenstube und Frittenbude
100 Städte in den Beneluxländern, welche man kennen sollte
Books on Demand, Norderstedt 2022